um wortesbreite

ges(t)ammelte gedichte

brigitte schenk

Impressum :

Herstellung und Verlag :

BoD – Books on Demand, Norderstedt

ISBN 9783750409668

BRIGITTE SCHENK, Jahrgang 1959, wurde in Basel geboren und verbrachte ihre ganze Kindheit und Jugend im Leimental in der Schweiz.
Dort lebt und arbeitet sie heute als myofunktionelle Therapeutin mit eigener Praxis in Ettingen.

Neben dem Förderpreis für Literatur der Stadt Basel (Lyrik) in den Achzigerjahren wurde sie einem kleinen Publikum im Raum Basel durch Lesungen von Gedichten, Märchen, Kurzgeschichten und Essays bekannt.
Im gleichen Zeitraum wurde im österreichischen Rundfunk ein Text über Lyrik und in Bonn Gedichte zur Progromnacht vorgetragen.

Mit den ges(t)ammelten Gedichten «um wortesbreite» liegt ihr erstes Buch vor.
Weitere Bücher sind geplant und in Arbeit.
Darunter Kurzerzählungen, Märchen und ein weiterer Gedichtband.

VORWORT

Warum dieser Gedichtband ?
Und warum gerade jetzt ?

Ich wusste schon als Kind, dass ich schreiben
wollte. Die Lyrik hat mir, ob lesend oder
schreibend, unendlich viel Heimat geboten.
Nach langer Abwesenheit bin ich nun endlich ins
Wort heimgekehrt.
Dafür danke ich all jenen, die mich daran erinnert
haben, wie bedeutend das Schreiben für mich
war und wie sehr es mich wieder anreichern
würde.

Ich wollte aber nicht nur neuen, sondern auch
schon bestehenden Worten Raum geben.
Die logische Folgerung ist die Verwirklichung
dieses Sammelwerkes, bestehend aus fünf
frühen Gedichtbänden.

Brigitte Schenk im Oktober 2019

Inhaltsverzeichnis :

1

Zärtliche Steine

Seelen
umspinnen
die Welt

Sie werfen
mit
zärtlichen Steinen

Nach uns

Die Steine
waren zart

Bis sie
uns trafen

Bis wir
sie warfen

Die Steine
wurden hart

Die Suche
nach einem
kleinen Halt –

Damit
meine Seele
nicht in
eure offenen Herzen
fällt –

Und schon
ist es
geschehn –

DIE IRREN 1

Irrer,
verbirg dein Gesicht,
wenn du nach
uns greifst

Nur Narren
suchen
den Himmel
in Herzen

DIE IRREN 2

Unvermögende
nennt man euch

Nach der Sonne
greift ihr

Wenige
wissen nur,
wenn einer
die Sterne
erreicht

Dann ihr

Zerfall

In allen Gebilden.

Nur Bäume
sprechen im Wind
und Felder
hören zu.

Zerfallen
der Rest.

Jetzt
endlich still –

Und doch,
man lauscht.

Ohne Laut
durchschlägt
der Gedanke
die
menschliche Wand

Poetik
ist
nur
Kieselstein

Runden
will
sie nicht

Kreise
ziehen
kann sie

Poetik
ist
nur Stille

Lass mich
Gedichte der Seele
formen

Irgendeiner
hat mich
in deren
weites Tal geführt

Seither
muss ich
wandern
ohne Ende

Habe auch
bestiegen
den heiligen Berg
des Wortes

Und die Oase
des menschlichen Alls

Lass mich
Seelen
mit Gedichten
formen

Grenzt das
an Logik ?

Wollen
beständig sein
und sind dabei
doch ewig.

Grenz diese Logik
nicht ans
unlösbare Glück ?

MISSHANDELTE KINDER

Augen
trauern
Zerbrochenem
nach

Furcht
verschleiert
die Empfindsamkeit

Hände
umschliessen
den stillen
Schrei

HINTER ZWEI AUGEN

Soviel
Ungeschautes

Soviel
heimliche Doppeldeutigkeit

Soviel
ungefärbtes Glück

Aufgewühlter
Raum

Und Flügelschlag
und
Himmelzartes

Und
so viel
unerträglich Aufgespartes

Viele
Gegensätze
gibt es
nicht

Alle Dinge
sind

Dem
was ist,
kommt etwas
gleich

Darin sind
alle Gegensätze
eins :

Sie sind

Was übrigbleibt,
sind Tagebücher

Zeugen
menschlicher
Vergangenheit

Vergessen
und
vergilbt

Sind
lose Seiten
eines Herzens.
Und niemand,
der es will

Was bleibt
vielleicht,
ist Gott
als Zeuge
der Vergänglichkeit

Viel Bleibendes
haben wir nicht geschaffen

Zu krank
und süchtig
nach Zeit
waren wir

Dabei genügte
einer doch,
der den Verlust
nicht klagt.

Einer nur, der sagt :
die Dinge sind !

Viel Obdach
haben wir nicht gewährt.

Zu verkümmert,
zu vergrämt waren wir.

Dabei genügte
einer nur,
den der Verlust
nicht schmerzt.

Einer bloss, der sagt :
die Stunde währt !

Dämmerung
frisst
Gedanken

Steine
sind
zu
Stein
erstarrte
Träume

Gedanken
teilen
Dämmerung

2

Allumfangen

Die Sterne lachen bloss,
wenn ich Gedichte schreibe.

Sie halten sich den Bauch
wenn ich mit Worten leide.

Die Sterne
kichern vor sich hin.

Ach, wie ich sie
um mich beneide.

Und wenn wir
auch nur scheinen,
wir sind –

Und sind wir
noch so seiend,
wir scheinen -

Die Stunden
werden welk
um dich

Die Ewigkeit
hat Zeit
und braucht
sie nicht

Nur die Sterne
kennen Logik

Sie sind gross
und wirken klein

Wirken hell
und sind
doch dunkel

Scheinen nah
und sind
so fern

Nur die Logik
kennt die Sterne

STERNGEBORENER

Du alleine weißt,
wie nah
die Sterne sind

Sie fallen
jeden Tag
in deinen Schoss
und lassen dich
den Gang der Seele
kennen

Und wenn das All
uns voneinander
trennt
dann bist du
eins mit dir

Der Weg
ins All
führt
durch
unser Herz

Das Ich
gibt seine Tarnung
auf

Zerbricht
am Glas der Welt

Es fällt
zu Boden
wie ein reifes Herz

Und findet keine
Küste mehr

Das Ich
hat ausgeträumt

Und
lichtet sich

Schwarzer Stern

Sucht sich
Opfer

Wirft mit
Nacht
um sich

Sucht
Seelen
als Inseln

Sucht
dich

Findet
nirgends
Halt

Umnachteter Stern

Die Welt,
sie kam
ins Beben

Und keiner
hielt sie
auf

Keiner
sah ihre
Sorgenfalten

Die Welt
nahm sich
das Leben

Gott
stirbt
ein klein wenig mit
bei jedem Todeswerben

Das All
gewinnt an Fülle
bei demselben Sterben

3

Perlengeflüster

Von lebenslänglichen Wundern und
dergleichen mehr

DIE PERLE

Wenn ich Engel wär :
ich würd mir
keinen andren Menschen wählen
als dich.

Und wäre jedes Wiedersehen
trennungsschwer.

Der Zufall seligmachend.
Nichts gewollt.

Und jeder Abschied
totgehaucht.

Wenn ich Mensch wär :
ich würd mir
keinen andren Engel wählen
als dich.

DAS GEHEIMNIS

Ewige
Kindheit
ist :

den Himmel
kitzeln

In Wolken
fallen

Staunen

Es träumt
in deinen Augen.

Die Dinge wundern dich.

Das Lachen
schleicht um deinen Mund.

Dir hat nichts was an.
Oder doch ?

Dann will ich es
nicht wissen.
Ich würde blind.

Dein Lachen
sinkt in meine Augen.

Die Wunder dingen sich.

Es träumt um uns.

Ich
hauch Dir
ein Leben
ein,
Luftäugiger -

Eins
mit grossen
Schwingen,
damit es
die Erdlinge
nicht
fangen können.

Ich will
Feder sein
in deinem
Kissen.

Denn Du
umatmest mich
und
wehst mich
auseinander.

Du
umsonnst mich
und
faltest mich
entzwei.

Ich will
Kissen sein
für deine
Feder.

Aus Liebe
fruchtendes
Versteck
für Angst
bin ich.

Taumelndes
Gemüt.

Wund gedacht
an dem,
was nicht
sein darf.

Du bist
nicht tiefer
als ein Grab.

In dir
leg ich mich
zur Ruh.

Wir ritzen
Wünsche
in ein
uns
vertrautes Herz.

Und
die daraus
erwachte Sehnsucht
nennen wir Liebe.

Wir lesen
aus einer
offenen Hand.

Und das
gemeinsame Wort
ist,
wovon wir
leben.

CHAMÄLEON

Du sagst
Ich
und meinst
Wir

Welche Farbe
du auch
von den Dächern
pfeifst

Dein Herz
ist ein
durchsichtiges Kissen

DER KOBOLD

Ich
mach mich
klein
und steig
in eure Namen.

Denn :
ich bin
gern
in fremden
Augenblicken.

Hänge
unentdeckt
im
ahnungslosen Ich.

Ich stoss
den bösen Traum
von
schmalen Lippen

Denn :
ich nasche
allzugern
von einer
scheuen Seele.

Und
selbst
die Liebe
steigert sich.

Wird
fünftes Element.

Und
auch
das Glück
treibt
in die Höhe.

Der
parfümierte
Augenblick.

Da wird einer geboren.
Denkt sich in die Welt,
fühlt sich in die Wesen
und schreibt sich in das Wort.

Lacht in Herzen.
Lauscht in Stille.
Schwingt in Wundern.

Da wird einer zum Poet.
Bettet sich in Menschen,
glaubt an Engel
und die Macht im Wort.

Er kam zur Welt,
rau zu sein
unter all den
viel zu glatten Worten.

Und er fragte :
warum sind
alle Wunder blau ?

Mit spitzer Zunge
stach er
Herzen auf
wie Blasen.

Und sagte :
vom Menschsein
allein
kann einer nicht
leben !

GEDICHTE

Hüpfen
aus
Fäusten

Purzeln
von
Kreiseln

Fallen
aus
Zauberstäben

Das bin ich :
das Augenzwinkern
und
die gerunzelte Stirn.

Die verträumte Hand
und
der kritische Blick.

Die saure Sahne
und
der Zuckerguss.

Das bin ich :
die Windgefährtin
und
der begrenzte Strich.

Am schönsten
bin ich,
wenn ich schreibe.

Dann
wachse ich
den Wänden
entlang
wie die Schatten.

Dann
nehme ich
die Form
des Windes
an
und streife
den Leuten
durchs Haar.

Am schönsten
bin ich,
wenn mich
keiner sieht.

Ich trag
so wenig
Botschaft
wie ein Baum.

Möcht nur
Wortmagie
in Herzen
streuen.

Nur liebesgleich
Gedichte
und
versöhnend
Heimat säen.

Ich bin
so machtlos
wie ein Baum.

Ich
begriff
das ganze Glück

Es
war ein
lachendes Kind

Tanzte quer
durch Köpfe

Pflückte Mimosen
von Zeigfingern

Hing an Herzen
wie ein wächserner Tropf

Ich
begriff
das Ganze als Glück.

FUER CHRISTA WOLF

Kann sein,
es hängen Worte in den Bäumen,
wie reife Früchte
und wiegen sich in der Zeit.

Manchmal auch
sieht man in ein Herz
und dann erhält es
einen neuen Namen.

Kann sein,
ein Satz greift sich die Ewigkeit
und macht aus Menschen Wunder.

Manchmal sogar
wird ein Traum wie dieser wahr
und rettet sich in ein Gedicht.

LIEBESGEDICHT FÜR R.M.RILKE

Ich bin ganz mild.
Ich habe dich gelesen.
Alles wurde mir zum Bild.
Alles hatte Wesen.

Manchmal denk ich,
ich hab' an dir geschrieben.
Doch du bist
immer du geblieben.

Deine Stimme perlt wie Sekt.
Dein Lachen liegt im Glas.

Um deine Worte
ziehn sich Kreise.
Deine Zeit bezieht
den Himmel ein.

Du geisterst
durch die Seiten.
Keiner hüllt mich so
in Zärtlichkeit wie du.

Du bist zwei Prisen Engel.
Du streust die Wunder aus.

Ich bin ganz mild.
Ich durfte in dir lesen.
Alles machst du mir zum Bild.
Allem gibst du Wesen.

Manchmal glaub' ich,
du hast an mir geschrieben.
Hast mich in
mein eignes Herz getrieben.

Deine Augen sind wie Vögel.
Deine Schwingen greifen aus.

>

<

Um deine Verse
nebelt blauer Dunst.
Du wirfst
Seele in die Auen.
Du setzt dich
in die Träume.
Schleichst dich
aus der Zeit.

Du bist ein Weichensteller.
Du hast das Glück benannt.

Ich bin ganz mild.
Du hast in mir gelesen.
Alles machst du dir zum Bild.
Alles wird zum Wesen.

Du bist roter Wein
und mischst dich in mein Blut.
Die Gläser neigen sich
und haben Stimmen.

Wenn es einen Himmel gibt,
musst du es sein -

EINSAMKEIT

Ist Pfeifenrauch
und
Kerzenlicht.

Todessturz
und
Auffangnetz.

Geteiltes Brot
und
Spiegel im Gesicht.

Dreiklang
und
moralisches Gesetz.

Ist Liebesfähigkeit
und
Selbstverzicht.

DAS HARTNÄCKIGE GLÜCK

Das Lachen stirbt nie aus
Es bewohnt den Mond

Bettet sich in Moos
Ist Honig auf das Brot

Es schläft in der Geduld
Wandelt über Wolken

Färbt die Träume rot
Umwirbt den Tod

Blauender Himmel
überall -

Wolken
tragen Zaumzeug
zügellos

Blauendes Überall
des Himmels

FÜR EIN KIND

Des ganzen
Himmels Bläue
aufgebraucht
in
zwei Kinderaugen

Unzähmbar
getränkte Farbe

Unanfechtbares
Azur

(M)EINEM BRUDER

Jeder Augenblick : neuer Zweifel.

Wann knickt mich der Wind ?
Wann wird mein hölzernes Herz gefällt ?

Wer ritzt seinen Namen in meine Rinde ?
Wer sucht meine Sterne auf ?

Jeder Augenblick : neue Angst.

Wieso trifft mich kein Segen ?
Wieso hört kein Traum auf mich ?

Warum schmälere ich mich selbst ?
Warum verhöhne ich mein Rätsel ?

Jeder Augenblick : neuer Zorn.

Wann wirft das Wunder nach mir ?
Wann umarmt mich eine Heimat ?

Wer entstaubt mein Herz ?
Wer glättet meine Stirn ?

Jeder Augenblick : neuer Augenblick.

Ein Herz
am seidenen Faden

Am
reissenden Nerv

Es hängt
am
wankenden Versprechen

Wartet
auf
ein Wunder
oder zwei

FÜR EINEN FREUND

Wo
geknickte Seelen
wohnen
ist
geknickter Himmel

Noch
tropft Einsamkeit
aus deinen Poren.

Doch
morgen schon
legt einer sich
in deine Jahresringe.

Noch
springt der Schmerz
von deinem Zungenrand.

Doch
morgen schon
lehnt einer sich
an deine Ewigkeit.

Geh.

Draussen
streut einer
Träume aus.

Ihre Augen
knospen schon.

Geh. Geh.

Im Garten
pflücken sie
Wunder
von Menschenbäumen.

Ich
leg
die Wunder
schlafen.

Fülle
sie
in
Einmachgläser.

Sie
sollen
unsere Ränke
nur
träumen.

Nacht fällt über Schnee.
Ein Traum allein
genügt nicht mehr.

Was für ein goldner Tag.

Das Herz kräuselt sich
und der Horizont.

Der Fels lacht
und die Sehnsucht.

Die Seele räuspert sich
und die Poesie.

Was für ein goldner Tag.

Wunder fallen über Nacht.
Ein Wunsch allein
reicht aus.

Ein Kind,
Greise an der Hand.
Es spielt
und lacht
in den Alten.
Es ritzt
Jugend
in die Wand.

Ein Greis,
Kinder an der Hand.
Er scherzt
und weint
in den Kleinen.
Er zeichnet
Weisheit
in den Sand.

SPANIEN 1986

Land der kargen Kostbarkeit.
Schiffe balancieren blau auf blau.
Der Himmel seufzt.

Der Leuchtturm schläft bei Tag.
Das Meer verliert sich ans Gewölbe.
Don Quijote pflückt verblühten Flieder.

Weissgetünchtes Land.
Die Sterne sind wie dichte Heimat.
Zuletzt sinkt Ewigkeit in rote Erde.

Lass
uns
die
Zeit
teilen

Denn
ihr
eins
und
eins
gibt
Ewigkeit

FUER BJÖRN

Bruder Björn,
wer hat dich
verzaubert ?

Welcher Gott
hat dich
in die Mitte
dieser Welt
gesetzt ?

Wer macht,
dass du uns
triffst
in unseren
kranken Herzen ?

Bruder Björn,
wer lässt
dich uns
verzaubern ?

Wir
haben
alles
umbenannt

Selbst
den
hochgezogenen
Mund
nennen
wir :
Lachen

Mein Name
ist mir
fremd geworden.

Und fällt
wie kühler Tau
von meinen Lippen.

Durch
Nähe
frei geworden
bin ich.

Und schmelze
wie kühle Lippen
auf eines
anderen Mund.

TRAUM

Du
Botschafter
der Seele

Bildermaler,
Kreisezeichner

Du
wesenloser
Rauner

Gott
tropft
von Deinen
Dächern

Endlich
kehrst du heim

Wo
die Ewigkeit
welkt

Und
Wünsche
stranden
hinterm Mond

Wo
Herzen
Anker sind
und
Welkes
ewig

Endlich
kehrst du ein

PONARY

Hier
wurde
die Welt
getränkt
mit den
traurigsten Stunden.

Die Toten
schliefen
hier
nur kurz.

Gott
hat
seine
grössten Lücken
in diesen Wunden.

Ich
kratze
Gott
aus meinen
müden
Augen

Male
ihn
auf fremde,
zuckende
Lider

Tage
sind
versinkende Inseln.

Herzen
gehen
geduckt.

Fürchten
göttliche Schändung.

Neubeginne
sind
geträumt.

Tage -
in den Kopf
gehaucht
und verflogen.

Märchen
beginnen
alle mit :
es war einmal

Es war einmal
liegt
hinter uns

Es war einmal
sind wir

Und wir
sind
märchenhaft

DIE UHR

Eine Sekunde
noch
und es ist
alles gesagt.

Eine Weile
noch
und die Stunde
wiederholt
sich bloss.

Ein Hauch
noch
und der Zeiger
springt über
das Wagnis
hinaus.

Die Weisen
sagen :
alles
Runde
wurde rund
durch Gott.

Und sie
entwundern
den Ort.

Und sie
gesunden
das Wort.

Gott aber
sagt :
alles
Runde
wurde
erst wieder
rund
durch sie

ALPSEE

Blonder,
grünäugiger See

Sonne
färbt dich
abendrot

Perlen
lachen
unter Steinen
hervor

Glühende
Gipfel
stürzen sich
in dich

Abgrundlos
tiefes Flüstern

Wer könnt' es
schöner sagen
als das Schweigen :

Ich bin
Vorwort meiner selbst

DAS MUSCHELKIND

An keinem
anderen Herzen
möchte ich
hängen
als an deinem

Sein Duft
wahrt
meinen Glanz

Seine Wärme
hält mich
am Leben

Und wäre
alles untragbar,
hänge ich
in deinem Leben

NATUR

Verworfener
Gott

Wartest
auf Deine
Schändung

Aufgeworfener

Und sagst :

Warten
ist
Gold

4

Einmal Spiegelbild und zurück

DIE STERNE

Ihr,
in die Nacht
Gehauchten

Die ihr
alles Laute
tröstet
bis es
leise ist

Kaum
wahrnehmbar

Die ihr
das Blau
schwärzt
bis es
nicht mehr ist

Unverwechselbar

Ihr,
in das Glück
Getauchten

DIE MUSCHEL

Von ihr
hab' ich
den Traum
geerbt :
im Meer
ist
keine Jahreszeit

Durch sie
weiss ich :

das Wasser
krallt sich
nirgends fest

Und :
Jedes
hat sein
eigenes Gesetz

Heimat
treu sein
bis man
selber
Heimat wird

Und dann ?

Umsichgreifen
wie Natur

Und
Versprechen glauben
bis man
sich selber
glaubt

Und dann ?

Sich
treu bleiben

DER INDIANER FRAGT

Wieviel Heimat
braucht
ein Baum ?

Wieviel Erde,
wieviel Himmel,
wieviel Mensch ?

Wieviel Heimat
gibt
ein Baum ?

Träume,
ihr Weisen
der Nacht

Füllt
die Laken
mit dem,
was
sein könnte

Legt
dunkle Fragen
auf
unser Kissen

Und
umtröstet
uns

Im Mond
spazieren gehen

Sein Licht
fangen

Schatten
auswerfen
wie Netze

Alles
zurückgeben,
was einem
nicht gehört

Nichtig
bleiben

Wir
teilten
Gott !

Zu
gleichen
Teilen ?

Verwachsung
von
Geometrie
sind wir

Ausgeklügelt
und
berechnet

Vermessene
Auswüchse
Gottes

Alle Möglichkeiten
der Welt
ausschöpfen.

-Ja- sagen
und -nein-.

Irren dürfen.
Und Narr sein.
Und an das
Dazwischen glauben.

-Vielleicht-
sagen.
Oder auch
-kann sein-.

Einfach
die Welt
aus all den Möglichkeiten
schöpfen.

Nein,
die Zeit
geht nicht.

Ohne Berührung
steht
sie still.

Sie schläft in
aufgeschlagenen Büchern.
Vielleicht.
Wie in Höhlen.

Und
man wartet.
Dass sie
erwacht
und mit
einem weint.

Und
all die Fragen
wären getröstet
und würden
umarmt.

Aber
man wartet
vergebens.

Denn sie kann
nicht gehen,
de Zeit.
Nein.

Lass mich
an
das Äusserste
gehen.

In das
Niegedachte.

Dorthin,
wo alle
Dinge
enden.

Kein Mensch
mehr ist.

Und auch
wenn gar nichts
bleiben sollte,
so bleibt doch
dieses :

Alles war.

Im Innersten
auch wir

Kind sein :

sich in
den Himmel
fallen lassen

Wurzeln
schlagen

Umkreisen,
was Ecken hat

Nur eins
wollen :

Liebe sein
zur Welt
hin -

FÜR E.

Hättest
(vielleicht)
Wunder
werden können

Gingst
aber
über Gott
hinaus

Suchtest
den 8. Tag
der Schöpfung

Und
fandest
Umnachtung

DAS LEBEN LÄUFT AUS

Der sterbenden
Stunde
entronnen

Dem ewig
alternden
Zeitenstaub

Seelenrisse
mit Gebeten
zugenäht

Entflohen
dem unwissenden
Ja

Gereist mit
Flügelschlag

Die
entrinnende
Stunde
gelebt

Lebende Leichen

Zeugen Kinder
ohne Verzauberung

Haben
keinen Zorn
und
kennen kein Glück

Ihr Lächeln
ist
Grabesschweigen

Berührt
die
verwaiste Hölle

Und findet
nie zurück

ZUR GEBURT

Ein neuer
Mensch
umkreist
die Welt

Bringt alles
mit :

Dunkelheit
und
Licht
und
einen Namen
als Brücke
von Rand
zu Rand

Die alten Sterne
drehen sich
um
seinen Namen

Alles
ist
Spiegelbild

Hingeworfen
und
zurück

Grauen
zwischen
Augenpaaren

Schon
längst
erdacht
in
einem
anderen
Gesicht

WO ICH WOHNE

In meiner
Heimat
wachsen Menschen
Bergen gleich

Und kein
GeGlaube
kann sie
versetzen

Da hängt
der Himmel
in den
Augenwinkeln

Und Gott
ist nicht
nur ein
Versprechen

Ein Herz -
einem Koffer
gleich

Vergessen
zwischen
zwei Zügen

Wund
und klamm
und ausgeblutet

Glück,
das langsam
rostet
auf Bahnsteig
Nummer zwei

Ein Herz -
mit Ledergurt
umschnürt

Damit
es nicht
schreiend
auseinanderfällt

Aus dem
Geheimnis
in ein
neues fallen

Von einem
Ich
in ein
anderes

Aus
Mitte
in
Mitte
treten

MALEREI

Sprachlos
durch all
die Dinge
wandern

Farbig werden

Form gewinnen

Und Gestalt

Feststellen :
nichts ist
wirklich
in den Dingen

Ausser -
dem Staunen

Ich fürchte
mich nicht
sehr.

Selbst
wenn die Seele
keine Küste
findet
in den Weiten
dieses Alls.

Ich weiss
doch sicher :
nichts
begrenzt
ein Herz.

Auch
wenn der
gewöhnliche Gott
mich
in die Enge
eines Körpers
drängt.

Ich weiss
für immer dieses :
der gerade Schmerz
grenzt
an die Wunder.

FÜR EINEN FREUND

Deine
ungeschriebenen Briefe,
die ich
erhielt

Sind wie
reife Äpfel

Wie Träume
in zuviel
Wirklichkeit

Wie die Wahrheit
in einem
Zwölfzeilengedicht

DIE LIEBE

Erklettert
den Rand

Möchte
über-fluten

Stürzt
von der
(K)Lippe

Und
fällt
in sich
zurück

RILKES'S ERNSTE STUNDE

Du hast
alles geahnt.

Das Verborgene
lag in deinen
Augen.

Wo wir
sprachlos standen,
mehrtest du
das Raunen.

Alles hast
du bedacht,
auch
das Weite, Ungefähre
mit seinen
Launen.

Hast
alles gewusst
und
das Schwerste
dir selbst angetan :

Wo andere
starben und zerfielen
gingst du hin,
um dich
am Leben
satt zu staunen.

Wir flüstern
es
dem Morgen zu
(hinter vorgehaltener Hand)

Tragen
es
aus der Zeit
(in übervollen Eimern)

Jeder weiss
es
und doch
glaubt
es
keiner :

Es
wächst
der Himmel
langsam zu !

Was ist
Himmel.

Diese Frage
wage ich.

Der Schritt,
auszuträumen ?

Oder :
entschwunden sein ?

So,
dass Gott
mich suchen
müsste.

Ihn
am Ende
trinken
sogar ?

Ein Wagnis,
das mir
bisher
nie gelang.

Denn
dann wären
Himmel
auch vergänglich.

Hörten
einfach auf
zu sein

Um mich
ist alles
Farbe

Buntes
Dahinter

Auszufüllendes
Staunen

Nie endendes
Kindermalbuch

Nichts wird
bleiben

Weil niemals
etwas wirklich
bleibt.

Vielleicht
die Liebe ?

Aber
lieben wir ?

Wenn keiner
liebt,
so bleibt doch
auch
die Liebe
nicht

Und nichts
wird
bleiben

WAS WEINST DU ?

Die Sterne
stehn am Himmel
wie sie es
immer tun

Einer
vielleicht,
der fällt
heut' Nacht

Kann sein

Einer von
vielen
zählt halt
nicht

Selbst,
wäre dieser
Stern
dein Ich -

Was
einst
Bedeutung
hatte,
Bruder war

Ist
heut'
verwaistes
Königskind,
trägt
Kummerfalten

Und ist
leergeträumtes
Bilderbuch

Die Seele
aus dem
Leib schreiben

Ortlos
sein

Durch
die Sprache
gehn -

Wie weit
noch
ist es
bis zum
Tod ?

Die Worte
aus der Seele
treiben

FÜR R.S.U.

Der Himmel
ist
ganz wund
und
vollgeweint
mit
deinen Fragen

Dein Glück
tropft bleich
aus
den Kalendertagen

Ein Lächeln
nähst du dir
in dein
Gesicht

Jetzt sag,
was ist
dein Stern ?

Diese Stunde
gehört
ganz mir

Wie
ein Versteck
in Kindertagen

In dem
man
sicher ist

Vor allem

Und
alles weiss
von Gott

Meine Laune
ist blau

Und nichts
hält
sie auf –

Auch nicht
tausend Jahre
schlaflose Liebe

Sag : ich will !

Dann
lese ich Dir vor
aus deinem
Lebebuch

Und
auch du
wirst traumumränkt
und blau –

Leuchte
mich
aus

Dann
brauche
ich
nie
mehr
Trost

Sieben Schritte
hinter
dem Mond

Warte ich
auf Dich

Und
das ist
(doch)
haltlos nah

Lass uns
die Worte
aufbrauchen

An deren
Neige –

Die Liebe

Warum
schläfst
du nicht ?

Weil
deine Träume
keinen Namen
nennen ?

Weil du
immer hoffst,
einer wacht
wie du ?

Mit Lachen
bestäubt
möchtest
du sein.

Doch
schläft alles
um dich
ein

Zu lange
draussen
war mein Herz

Ausgebleicht
von Sonne

Fremder Ort
jetzt

Könnte ich,
ich würde mir
ein neues suchen

Eins
mit Heimat
umhäkelt

Dass,
wenn es friert,
nicht
zerspringt

Ich will ja nur
Komet sein

Mit der Zärtlichkeit
des Alls

Ist es zuviel verlangt,
dass Menschen
stehen bleiben,
Wünsche sprechen
und auch
daran glauben ?

Sind wir denn nicht alle
reife Früchte dieses Alls ?

Ich will nicht mehr
als Haarstern sein

Und einmal
Seelenweite

Wir waren eins

Doch
wir wurden
entzweit

Standen
gerädert,
gescheitelt,
umschwärzt

Entglitten
den Göttern

Und wurden
uns fern

Wir
werden fallen
wie Blätter
im Herbst

Lautlos
und bunt

Unbefangen
wie Natur

Dann wieder
hochgehoben
wie Laub im Sturm

Welk
wie Tod
und
zum wahren Leben
erweckt

GLOCKE DES HERZENS

Glocke des Herzens

Ruft nach uns

Reichert uns an
mit Geräuschen
von Wissen und Liebe

Ruft uns
wach
vor dem
ewigen Schlaf

Den Klang der Erde
erkennt man leicht

Mit einem Blatt,
das fällt,
fällt eine Welt

Den Klang der Liebe
erkennt man leicht

Wenn nur
eine Träne fällt,
bebt die Erde

Auf dem
Rücken des Atems
reiten
in die eigene Tiefe

Getragen werden
von Geräuschen
wie Stille

Immer näher
an den Beginn

Und dann nah

Aus der
befreiten Tiefe
aufsteigen
in Heimat

Wir füllen
die Stille
mit Verzweiflung
an

Mit gesagter Tat
und
Echo ohne Wort

Wir stillen
die Verzweiflung
mit goldenem Rat

Namenloses Wort
ist Schweigen

Namenlose Zeit
ist Ewigkeit

Namenloses Wesen
ist göttlich

FÜR SAINT-EXUPERY

Auch meine
Sterne lachen

Oasen
der Ewigkeit

Ausleuchter
des Zeitgeweihten

Auch meine
Sterne wachen
quer durch
die Nacht

Was bin ich
müder Ort

Einsamer Stern
vom vielen Warten

Niemanden begrünt
mit meinen Worten

Und nicht erblüht
in eines anderen Garten

DER WUNSCH

Unversehrt
sein

Mehr,
als nur
dieses Ich
auf Zeit

Vorwort
von etwas
Grossem

Verzaubert
sein

Verzaubern
können

Glasklar

Messerscharf

Anfang
einer
endlosen Welt

ZYNISCHER GOTT

Wirft mich
hin

Umspült
von Rätseln
Entschwinden
Ewigem Schlaf

Hängt
den Himmel
voller Geigen

Aber
hebt mich
nicht empor

Lange genug
gemischt
an meinem
Farben

Jetzt endlich
reines Blau

In dem sich
Himmel
spiegelt

Auf einmal
schwingen
alle meine
Narben

5

Verwahrloste Wahrnehmung

Jedes Wort
hat
ein Gesicht

Pflückt sich
einen Menschen

Verleiht ihm
sein Gewicht

MELANCHOLIE DER SCHATTEN

Schwarz
und
traurig

gehen
sie
hinter
uns

Sind
wie
wir

Marionetten
des
Lichts

Komm,
nimm Platz.

Mein Herz
ist gross genug.

DER AUFHALTER

Bemalt Herzen.
Hält den Atem auf.
Gibt es das denn noch ?

Das begehbare Herz -
Den Gedanken ohne Schlucht -

Er zeichnet den Atem.
Hält die Herzen an.

DER GEISTERZUG

für den Maler M. Kämpf

Und wieder eine Nacht
mit euren kleinen Geistern.
Die drechseln an der Angst
und plagen mich.

Und wieder mal ein Morgen
mit euren magern Schatten.
Die nehmen jede Zärtlichkeit
und zweien mich.

Und ein weiterer Tag
in eurem kalten Glauben.
Der wälzt sich in der Worte Scherben
und befremdet mich.

Nicht Ähnlichwerden,
nicht Angleichung.
Kein Verzeihen
und ohne
Dankeswort.

Das ist Gleichsein.

Ein Gleichsein,
das nun ähnlich wird.

Das verzeiht und dankt.

Ein ungleich Sein
im anderen.

Dieses Kind
liebt
unverständlich ewig.

Es trägt
Lachen im Haar.

Umdenkt
uns.

Schimmert
aus dem Nichts.

Beginn der Nacht :
der Schatten
wirft uns
Träume ins Gesicht.

Melancholie, die lacht.

Anbeginn der Zeit :
der Schlaf
reibt unsere
Herzen wund.

DIE EWIGKEIT

Sie duldet nur
die Nähe.
Horizonte
kennt sie nicht.

Sie umreisst
das blanke Leben.
Die grosse Schranke
hält sie nicht.

Sie spricht nur
mit dem Herzen.
Tote Sprache
weiss sie nicht.

ICH GLAUBE AN DICH

Ob du
Sterne stiehlst
oder
gekrönte Herzen

Wunden heilst
oder
mit Küssen verzauberst

Ob du
Engel betörst
oder
den Mann im Mond

Geister hörst
oder
die zerbrechende Nacht

Ob du
Götter rufst
oder nur
den schwankenden Freund

DER GERUCH DES TRAUMES

Ich trage noch
den Traum der Nacht
durch's Haus.

Da hingen
bunte Regenbogen.

Müde Wunder
schlichen
um mein Herz.

Ich trage doch
den Traum der Welt
im Kleid.

Ich gebe mich in diesen Traum :
nur einmal
eines Menschen Sehnsucht,
nur einmal
Heimat seiner Hoffnung sein.

Nur einmal
ohne Grenze
Mittelpunkt der Kreise
sein.

Ich gebe mich für diesen Traum :
einmal
eines andern Glaube und
Segel seiner Wünsche sein.

ZEUS

Ich hab die Welt erfunden.
Tausend Jahre sind vergangen.
Mein Name ist ein Wunder,
wird in andern Göttern
widerhallen.

Tausend Jahre voll Verlangen.
Aus dem Namen wurden Flüche.
Schweigen wird aus Himmeln schallen.

Dann hat ein andrer Gott
die Welt geschunden.
Alte Namen werden tot
aus bleichen Herzen
fallen.

DIE SPHINX   für Michal

Dein Name ist Sonne.
Doch meiner birgt das Licht.

Dein Herz ist ohne Laune.
Doch meines hat Gemüt.

Dein Wort ist Macht.
Doch meines klingt vom Schweigen.

Dein Wesen trägt die Norm.
Meines ist das Leben.

DIE VERB(R)ANNTEN DICHTER

Eure Stirn
mit Falten
bestickt

Seelen
mit Sternen
übermalt

Herzen
mit Dornen
gekrönt

Eure Worte
unausgesprochen
schon verb(r)annt
in eurem Mund

Und wenn ich nur
Gedichte schriebe -
ich lebe

Und wenn ich nurmehr
Elfen küsste -
ich liebe

MEINEN JÜDISCHEN DICHTERFREUNDINNEN

Ich habe eine Stimme,
sie schläft in eurem stillgelegten Wind.
Wir schleichen um die spröde Haut der Zeit
und reissen lose Herzen nieder.

Ich habe eine Schwester,
die näht mir ein Wort aus eurem Tod.

Ich habe einen Traum,
der ist euch zärtlicher Gesandter.
Wir suchen unberührte Seelen auf
und lassen uns in deren tiefem Süden nieder.

Ich hab ein
niegesagtes Wort
gefunden
und geb es dir als
vielgesagten Namen.

Hab den
oftverlornen Stein
gefunden
und setze ihn in
deine Krone.

Ich hab die
nieverstandne Welt
gefunden
und leg sie dir in
deine tiefen Wunden.

ANTWORT AUF EIN GEDICHT
VON W. HAFFNER

Ich bin Stein
in einem klaren Bach
und atme Sterne.

Bin Spitze
auf des Dichters
scharfem Schwert.

Bin Staub
und spiegle mich
in deinem Herzen wieder.

FÜR W. HAFFNER

Du bist Morgentau
auf einer wunden Seele.
Und wenn du lachst,
klirren die Sterne.

Du bist Abendschlau
auf einer kunden Seele.
Und wenn du wachst,
liebt uns die Ferne.

FÜR URSULA

Ich will dir keine
schwarzen Ränder malen,
sondern bunte Götter
dir zu Füssen legen.

Will dich nicht mit
Trauerworten kränzen,
sondern mit
lauschenden Blumen
dich beherzen.

REINES HERZ -
Du Schmetterling der Zeit.
Wunsch aus Kindertagen.
Versetzter Berg.
Geschnitztes Wort.
Du Krümmung dieses Alls.

REINES HERZ -
Das Auge voller Traum.
Die Seele eng geschnürt.
Gold aus dem Haar gekämmt.

REINES HERZ -
Regenbogen, den keiner mehr sucht.
Alternder Nimmersatt.
Müdes Mass.

REINES HERZ -
Du wieder in Nähe rückendes Gesicht.
Trinkbecher des Glücks.
Altgeburt zwischen wurzelndem Gewölk.
Symbol an Wortes Saum.
Du wieder schmunzelnder Narr.

Ich schreibe
meine Worte
in den Staub
der Sterne.

Hauche sie
an Fensterscheiben.

Lege sie
vor fremde Türen.

Hänge sie
um kalte Schultern.

Ich schreibe
mit dem Staub
der Sterne.

FÜR INGRID 1

Dich wundert,
dass ich keine
Dornen meide ?

Es ist nur,
weil ich Freunde
unter Rosen
habe.

Und dass ich
nicht
den Schlägen
weiche
ist bloss,
weil ich
Liebe unter Narben
glaube.

Dich wundert,
dass ich dich
beim Namen nenne ?

Es ist,
weil ich
in deiner scheue Seele
weide.

FÜR INGRID 2

Könntest
wohl
dein Ziel
sein -
wenn du
ziellos wärst.

Könntest
auch dir
Heimat sein-
wenn du nicht
Zweifel wärst.

Könntest
frei sein -
wenn du nicht
frei
sein wolltest.

Ich bin kein Mensch -
nur Kind bin ich

Scheu und zart
und fürchte mich
vor strengen Blicken nicht

Bin wild und verwegen
und in meinem Kissen
wohnt der Mond.

Ich bin kein Mensch -
bloss Kind bin ich

Ohne Zeit und Scham
doch mit viel Augenblick

Lass mich gehn -
ich bin jung
und
verwundbar schön.

Lass mich ziehn -
ich bin eins
und
teile das Meer.

Und wenn ich
auch den Sand
nicht halten kann -

Und die
Stille
bricht -

Wenn ich schon
den Traum
nicht leben kann -

Immerhin
bin ich da
und habe mich !

Ich will nicht
in die Welt
zurück !

Ich sprach
mit einem Frosch.
Die Welt
gehörte
einen Kuss lang
mir.

Ich war
ein kindlang
schuldlos schön.

Und das
vergisst sich
nicht !

TOCHTER AN DIE MUTTER

Ich mag dich leiden,
wenn du mit den Händen sprichst.
Und weil du Opfer bist,
das trotzdem lacht.

Und weil du klares Märchen bist
und Schönheit hast,
die du verloren glaubst.
Und weil du weises Rätsel bist,
das niemals leisetritt.

Ich mag dich leiden,
weil du mit den Augen sprichst.
Und viele Formen Güte hast
und dennoch zornig wirst.
Und trübe Stunden hast,
wo dich der Zweifel packt.
Wenn du die Trauer birgst
die ich noch nicht verstehen darf.

Tausend Jahre Kind
im Mutterschoss

Und hundert Jahre
Traum vom Wunder

Tausend Jahre Vater
ohne Lob

Und hundert Jahre
Sprache ohne Zauberwort

Ich bin Kind
und Wesenszauber
und
dufte
nach Poesie

Ich trag Heimat
in den Schuhen
und
trotze
der zu kurzen Stunde

Kinder sind
duftendes Gras.

Etwas wie Atem im Haar -
und
Zärtlichkeit des Sommers.

Kinder sind
perlender Duft.

Etwas wie Lachen im Keim -
und
Frühling im Gesicht

Oase des Herzens,
wo bist du ?

Wüste des Herzens,
wohin führst du mich ?

DAS ZEITCHEN

Vergangenheit,
Zukunft,
Gegenwart
wollte ich sein.

Eine kleine Umgewöhnung
nur
von Tag zu Tag.

Gestern,
Heute,
Morgen
werde ich sein.

Eine unbemerkte Tilgung
nur
von Zeit zu Zeit.

Es hat die Ewigkeit
die schönste Widmung
in das Gästebuch des Alls
geschrieben,
doch uns
bleibt sie verborgen

Am Anfang
war das
Wort

Angehäuft
in einer
Seele

Am Ende
ist es
fort